AF482839

AVERTISSEMENT.

L'UNIVERSITÉ de Jurisprudence, en reprenant le cours de ses travaux, s'impose une tâche non moins honorable que satisfaisante à tous égards.

Son but est de porter la paix et la tranquillité dans les familles divisées par l'égoïsme ou des intérêts mal entendus. Harmoniser les hommes, leur faire rendre justice, prendre la défense du faible contre le fort, combattre l'oppresseur pour lui soustraire sa victime, soutenir la veuve et l'orphelin dans leurs droits, venir au secours des malheureux, leur tendre une main protectrice, préparer les oracles de Thémis par de sages décisions, ne soutenir que des prétentions fondées sur la sévère équité et sur les lois, procurer aux citoyens les moyens de recouvrer des droits légitimes que la crainte ou le défaut de facultés ont forcés à laisser dans l'oubli, provoquer la prompte et sévère justice des tribunaux, devenir en quelque sorte les tuteurs des infortunés ; telle est la douce jouissance qui est préparée aux membres de l'Université de Jurisprudence.

Ce ne sera pas le seul avantage dont ils jouiront ; ils auront encore celui de former pour le barreau des hommes dignes d'y figurer avec gloire, et de seconder le gouvernement dans ses vues paternelles, en portant par-tout l'influence des lois, en rappellant les citoyens à leur exécution, en centralisant le système d'opinion qui convient à l'uniformité de la Jurisprudence et que commande l'intérêt social ;

A

enfin, en portant dans tous les cœurs cette douce consolation qu'il n'appartient qu'à la sagesse et la prudence de procurer.

Tel est le devoir impérieux que se sont imposé les membres de l'Université.

L'administration générale fera tous ses efforts pour les seconder dans leurs importans travaux, et elle aura payé sa dette à la patrie, si elle a le bonheur de voir couronner l'entreprise par le succès.

UNIVERSITÉ DE JURISPRUDENCE,
ET BUREAU DE CONSULTATION,
CONCILIATION
ET DE DÉFENSE GÉNÉRALE,

Près le Tribunal de Cassation, et les Tribunaux Civils, Criminels et de Commerce de la République,

s à Paris, sous les auspices du Gouverne-ment, rue de Vendôme, hôtel de la ci-devant Inten nce, au Marais.

—————————

s touchons au moment de la renaissance des mœurs : elles vont reprendre leur auguste empire, et l'harmonie du genre humain consolera enfin la France de ses malheurs passés. Ce bienfait sera dû, et à la sagesse du gouvernement, et à l'énergie du premier magistrat de la république.

Il est universellement reconnu que la base de l'harmonie sociale repose sur une bonne Législation ; que c'est l'unité de principes et d'action qui peut seule la procurer. Quel est dès-lors le citoyen qui ne s'imposera pas le devoir de seconder le gouvernement dans ses vues paternelles, en l'aidant dans cette sublime entreprise ? Les membres de l'Université, jaloux de contribuer à ce but salutaire, offrent à la patrie leurs veilles et leurs méditations : ils auraient déja donné un gage éclatant de leur zèle, si cet établissement, élevé dès le cinq vendémiaire an 9, sous le titre de Lycée, n'avait pas éprouvé quelques retards dans son organisation. Cependant ses cours de législation ont été mis en activité, et ses bureaux ont toujours été ouverts au public. Mais comme il était utile et indispensable d'organiser à-la-fois toutes les parties de l'institution ; et comme la grande salle que l'on a fait construire , destinée aux séances publiques et aux cours des professeurs , n'a pu être achevée aussi promptement qu'on l'espérait, on s'est trouvé contraint de suspendre cette partie essentielle de l'instruction publique. On a eu d'ailleurs à combattre les difficultés qui entourent toujours un établissement nouveau. Aujourd'hui que ces obstacles n'existent plus , qu'une administration est organisée, qu'une réunion de propriétaires - fonciers se sont rendus garans de ses opérations financières , (1) que les bureaux de l'établissement sont en activité , que déja un grand nombre de correspondans sont choisis sur la surface de la France, que les relations sont parfaitement établies , enfin que tout paraît présenter à la société les avantages promis , le fondateur se glorifie d'avoir à offrir au Gouvernement et au public le complément de son institution.

De tout tems , la nécessité d'étudier les lois fut reconnue; de tout tems, on convint que la plus sûre garantie des gouvernans et la sauve-garde la plus puissante des gouvernés résident dans une législation invariable , et dans la connaissance des lois. Malgré cette constante vérité , universellement sentie , la science de la législation fut presque toujours négligée.

Les premières écoles qui eurent cette étude pour objet , et pour but cette connaissance indispen-

---

(1) L'Etablissement a créé pour six cents mille francs d'actions de mille francs chacune , remboursables dans sept ans , à compter du jour de leur émission.

Lesdites actions sont garanties en *capital* et *intérêts par des immeubles patrimoniaux libres*, spécialement affectés à leur remboursement. Elles sont mises en circulation par séries.

Chaque série est composée d'un titre unique , et l'immeuble affecté à sa garantie est d'une valeur double desdites actions.

L'actionnaire reçoit par chaque action un intérêt annuel de cent pour cent sans retenue, avec privilége d'envoyer gratuitement tous les ans un élève à l'Université, pour en suivre les cours et les exercices.

sable au bonheur des sociétés, ne furent pas même publiques : on semblait reléguer dans l'ombre du mystère, des institutions qui eussent dû avoir des temples pour asyles, et tous les citoyens pour sectateurs.

Au lieu de ce concours, aussi nécessaire qu'il eût été admirable, on n'apperçoit dans les annales des peuples, qu'un très-petit nombre d'individus isolés qui étudiassent le droit, et qui ouvrissent leur cabinet à quelques particuliers. C'était la lecture des ouvrages de jurisprudence, et les entretiens subséquens, qui formaient le cours de législation. Sous les premiers empereurs, ces réunions si faibles et si insuffisantes n'étaient pas même connues; elles ne s'établirent que long-tems après, et souffrirent des interruptions considérables. Il ne faut donc pas chercher de modèles dans ces premiers tems, si féconds d'ailleurs en exemples de tout genre. La plus ancienne école de droit paraît avoir été celle de *Bérite*, ville de Phénicie. L'époque de sa fondation est enveloppée de ténèbres, et le premier auteur qui en parle est Grégoire *Thaumaturge*. Justinien en parle aussi, et ce qu'il en dit prouve qu'elle était déja ancienne pour le tems où il vivait.

Les heureux résultats que donna cet établissement, furent sans doute le motif qui détermina par la suite l'établissement de deux autres écoles de droit, l'une à Constantinople et l'autre à Rome. Leurs progrès furent rapides ; la jurisprudence acquit une haute considération, et on peut présumer qu'elle eût conservé cette honorable prépondérance, si des barbares, enfans et esclaves de l'ignorance, mais avides de domination et de tyrannie, ne l'eussent sapée dans ses fondemens et n'eussent extirpé toutes ses racines. L'école de Constantinople fut supprimée par son conquérant Mahomet, et l'étude du droit fut abolie dans l'Orient.

En Occident, elle n'éprouva point ces terribles catastrophes ; mais elle renfermait en elle-même le germe de son infériorité, et ses succès furent peu sensibles. On avait cessé d'enseigner le droit de Justinien, qui fut retrouvé à *Amalfy*.

Quelque tems après, l'étude du droit passa en France, malgré les ténèbres de la barbarie qui couvraient encore ce beau pays : on l'enseigna même publiquement à Montpellier, et à Toulon, avant l'établissement des universités dans ces villes. Cette fois, le bon exemple trouva des imitateurs, et Paris eut aussi ses professeurs en droit. Mais le pape Honorius III, fit bientôt fermer toutes les écoles, lança la foudre des excommunications contre ceux qui étudieraient le droit civil, prétendant, à la honte de son siècle et de l'humanité, que le droit-canon était suffisant pour régler toutes les affaires. Tel fut le déplorable effet de ces défenses, que, pendant plusieurs siècles, on n'osa professer ni suivre que ce côde informe, si le nom de côde peut être donné aux absurdes assemblages de réglemens du droit-canon. Ce ne fut qu'en 1609 qu'il fut permis de déroger à cette déplorable routine, à cet usage qui excluait impitoyablement toute jurisprudence raisonnable. Heureusement ce fléau n'avait pas étendu ses ravages sur toutes les villes de la France : l'école de Montpellier, soutenue par un simple particulier, *Pierre Placentin*, subsista long-tems, et elle avait des affiliés, ou des imitateurs dans plusieurs autres villes de France. Nous en trouvons la preuve dans l'histoire du Concile de Tours, où l'on voit qu'il fut défendu aux religieux d'étudier le droit civil, droit qu'on croyait peindre sous des couleurs bien affreuses, en l'appellant *la loi mondaine*.

On conçoit comment, au milieu de tant d'entraves, l'étude de la jurisprudence ne put s'élever au haut degré de supériorité dont elle est digne et véritablement susceptible. Elle subsista néanmoins, mais dans une sphère étroite , et elle serait tombée dans le néant, sans la courageuse résistance de quelques particuliers qui, par leurs talens et leurs efforts, en entretinrent le goût et les principes.

Nous sommes loin de ces tems , sans doute , et le dernier siècle a déchiré le bandeau des ténèbres ; mais l'étude du droit n'était pourtant pas sans entraves. Les bornes prescrites à l'élévation de ceux qui s'y livraient, inspiraient inévitablement le dégoût et le découragement. L'impossibilité d'envisager ce grand objet sous tous ses rapports , et la certitude de voir enlever , par l'ignorance privilégiée , les récompenses qui n'auraient dû s'accorder qu'au mérite, retenaient l'étude du droit dans une infériorité que doit faire disparaître le nouvel ordre de choses qui commence enfin pour nous.

Les fondateurs de l'Université n'ont pas la présomption de s'égaler aux hommes célèbres qui sauvèrent de l'anéantissement total , la science la plus nécessaire au bonheur des sociétés; mais ils auront le courage de marcher sur leurs traces, et les jurisconsultes renommés qui daignent s'associer à leurs travaux, sont pour eux un sûr garant du succès qu'ils osent se promettre.

Le chaos révolutionnaire peut bien être comparé aux ténèbres des siècles d'ignorance ; et si des hommes ont mérité une reconnaissance éternelle , pour avoir conservé le foyer des lumières pendant le règne de la barbarie, il y aura quelque gloire à le rallumer après le règne de la dévastation et de la destruction générale.

L'Université de Jurisprudence , fondée par des particuliers , mais qui ont déja sur leurs modèles l'avantage d'être encouragés par un gouvernement régénérateur , va donc déblayer les immenses décombres qui couvrent encore le terrein où elle veut bâtir : elle va rouvrir sans interruption , cette école publique depuis si long-tems désirée par tous les jurisconsultes , par tous les citoyens amis de leurs devoirs et jaloux de leurs droits. Jamais sa nécessité ne fut plus absolue, sur-tout après dix années de subversion politique, à la suite d'une législation incertaine, au milieu d'un dédale de Lois, portées, abrogées, remises en vigueur, aussi incohérentes entre elles, aussi opposées les unes aux autres, qu'elles sont nombreuses et souvent inintelligibles.

En lui donnant une extension qu'il n'avait pas dans les anciennes écoles de droit, les fondateurs de cet établissement ont voulu proportionner les moyens d'instruction à l'état de la génération actuelle, et faire coïncider la marche des cours avec le nouvel ordre de choses. Les discours qui ont été prononcés dans la première séance, par les divers orateurs, ont prouvé les immenses avantages de cette école sur toutes celles qui ont été établies jusqu'ici.

L'Université de Jurisprudence est composée de deux parties distinctes; l'instruction de la jeunesse, et la défense des citoyens.

PREMIÈRE PARTIE.

ENSEIGNEMENT.

Le droit public, les lois civiles et criminelles formeront l'objet principal de l'enseignement; mais on en rapprochera des exemples tirés des plus sages applications, afin de donner en quelque sorte aux élèves la science de la pratique. Des professeurs leur enseigneront tout ce qui peut les conduire au degré de perfection auquel ils doivent aspirer.

PROFESSEURS.

Les professeurs de l'Université sont au nombre de six; les parties qu'ils sont chargés d'enseigner sont la législation, l'éloquence, le droit romain et le droit civil moderne, le droit criminel, le droit maritime et commercial, et le notariat.

On a fait choix, pour chacune de ces chaires,

d'hommes célèbres par leurs connaissances dans la science du droit , et par leurs talens pour l'enseignement.

La législation générale sera traitée en grand dans toutes ses parties et sous tous ses rapports. Eclairer les hommes sur leurs droits et sur leurs devoirs , les rendre capables de choisir dignement leurs magistrats, de prononcer sainement sur leur conduite, et d'être eux-mêmes des magistrats instruits, tel est le but de ce cours dont le professeur a si éloquemment développé la marche dans son discours, à la séance d'inauguration.

Le professeur du cours d'éloquence considérera cette grande qualité , qui quelquefois a tenu lieu de toutes les autres , dans toutes ses parties , ses moyens, ses ressources , les cas où elle doit briller , ceux où elle doit se cacher d'un voile. Il enseignera par quels moyens artificiels on peut développer ce talent dont la nature se complaît à douer certains hommes : il prouvera que ses efforts seraient impuissans, si, à l'art de parler, l'orateur ne sait allier l'art de persuader , qui est pour ainsi dire l'ame de l'éloquence. Aux préceptes, il joindra les exemples fournis par les plus célèbres orateurs de tous les tems, à la tribune , dans la chaire et au barreau ; ces trois divisions seront celles de son cours. Le droit romain, trop négligé aujourd'hui, sera rappellé à sa dignité par le cours ouvert à l'Université. On s'efforcera de prouver qu'il doit être souvent la boussole de tout législateur , et qu'on ne peut le perdre de vue sans s'exposer à s'égarer dans des routes inconnues , et sans être obligé de revenir sur ses pas. Le professeur s'attachera *essentiellement* à le comparer avec notre droit civil qui sera également enseigné dans toutes ses parties.

La législation criminelle , qui a si entièrement et si heureusement tout-à-la-fois changé de systême depuis quelques années, sera traitée d'après les nouveaux principes. Nulle trace encore n'est offerte à ceux qui veulent parcourir cette carrière. Il faudra donc beaucoup plus de travail et de recherches que pour les autres parties de la jurisprudence. Mais les rapports directs avec la sûreté individuelle et publique sont des motifs assez puissans pour lever tous les obstacles et faire braver les difficultés les plus pénibles. Les professeurs ont promis de ne jamais se rebuter.

Il est une autre partie qui offre des difficultés, et ces difficultés, pour être d'un autre genre, n'en sont pas moins multipliées ; c'est le droit maritime et commercial. Il est peu d'hommes qui aient des connaissances parfaites sur cette matière, qui, comme on en voit la preuve depuis quelques années, est néanmoins d'un intérêt majeur. Il a été choisi un de ces hommes rares que l'opinion publique désignait elle-même.

Pour être admis à cette école, il faut être âgé de quatorze ans au moins, être souscripteur au bulletin de l'Université, et payer cent cinquante francs à la fin de chaque semestre.

Les cinquante élèves qui les premiers se feront inscrire, jouiront de la faculté de faire accepter *gratuitement* par l'administration, chacun un élève de leur choix, pour suivre les cours et les exercices de l'Université.

L'administration appelle *aux places dans ses bureaux*, ainsi qu'à celles *d'inspecteurs ambulans* pour chaque ressort de tribunal d'appel, de *directeur départementaire*, de *sous-directeur*, *d'agent particulier*, et de *président du bureau patriarchal*, par préférence les actionnaires, pourvu qu'ils aient d'ailleurs les qualités nécessaires.

Les élèves imbus des principes développés dans les différens cours, se livreront périodiquement à des discussions méthodiques, afin de se former à la plaidoierie. Ces discussions, auxquelles assisteront les professeurs, deviendront nécessairement des sujets d'explications dans chaque genre, et la

matière d'autant de causes qui seront plaidées suivant les formes en usage dans les tribunaux. Il sera
formé à cet effet, un tribunal d'élèves, divisé en
quatre sections : la première pour le civil, la se-
conde pour le criminel, la troisième pour le commerce, et la quatrième pour la cassation.

Chaque section sera composée de sept élèves, dont
un sixième paraîtra remplir les fonctions de commissaire, et un autre représentera le greffier.

A ce tribunal seront portées diverses affaires sou-
tenues et défendues par des élèves. Le tribunal prononcera et indiquera des lois dont chaque espèce
d'affaire exigera l'application.

Ce tribunal sera en petit, ce que sont en grand
les tribunaux établis dans l'Etat ; il suivra les mêmes
formes, et prononcera d'après les mêmes lois et
les mêmes réglemens.

L'instruction des élèves ne se bornera point aux
connaissances enseignées par leurs professeurs : ils
trouveront encore dans la composition de l'Université, des sources fécondes de lumières et de talens.
Chaque élève aura la faculté de *travailler dans les
bureaux de l'établissement, de suivre l'instruction
des affaires, d'analyser les procédures, de faire
des recherches sur la nature de chaque contesta-
tion, de prendre connaissance des consultations
rédigées par d'habiles jurisconsultes, afin de se
mettre en état d'en rédiger lui-même, sous la
surveillance des plus grands maîtres.*

Ainsi se réuniront, dans cet établissement, la
pratique et la théorie de la législation. Dès-lors, en
sortant de l'Université, les élèves seront en état
d'exercer avec distinction, la profession dont ils
auront fait choix, et les emplois auxquels le Gouvernement pourrait les appeller.

Ils jouiront encore d'un avantage qu'ils ne pour-
raient espérer en sortant des anciennes écoles de
droit, ni même de l'étude des avocats ou procureurs
chez lesquels ils auraient travaillé ; ils auront une

clientelle , et l'Université aura un puissant intérêt à leur procurer des affaires.

Pour leur assurer plus de succès dans leur carrière civile et politique , l'émulation sera stimulée par des récompenses , des distributions de prix et des distinctions honorifiques.

Une des premières distinctions , sera celle de membre du tribunal d'élèves : elle aura le double avantage , pour celui qui en sera honoré , de le mettre en état d'être bon juge , bon commissaire du gouvernement , et bon président.

D'après cet exposé , l'on voit clairement que chaque profession a été considérée , et que l'on n'a oublié ni celle de juge , ni celle d'avoué, ni celle de défenseur.

DÉSIGNATION
Des jours destinés à l'instruction.

Les lundi, mercredi et vendredi de chaque semaine seront destinés aux plaidoieries : les autres jours seront employés à l'étude des lois , à la préparation des discussions, et aux instructions particulières.

SÉANCES PUBLIQUES.

Le 15 de chaque mois , il y aura une séance publique, et le 30 une assemblée générale , où seront discutés publiquement les points les plus importans de législation. Dans ces séances, tous les hommes de lettres sont admis et invités à concourir à la perfection de la Jurisprudence.

DISTRIBUTION DES PRIX.

Le premier vendémiaire et le premier germinal de chaque année , il y aura une distribution de prix aux élèves qui se seront le plus distingués dans les diverses parties qui composent l'instruction.

Afin d'accélérer encore davantage les progrès de la législation , l'Université se propose de mettre deux fois par an au concours deux questions importantes, et pour chacune desquelles il sera décerné, à titre d'émulation et de reconnaissance sociale, un exemplaire annuellement de chaque ouvrage de l'Université, et assigné une place distinguée dans ses séances publiques.

Questions qui seront mises au concours.

Les deux premières auront pour objet, l'une, *La conservation des propriétés du génie* ; l'autre, *la répression des banqueroutes frauduleuses.* Elles seront annoncées incessamment dans les papiers publics ; mais nul ne sera admis à concourir, s'il n'est affilié, correspondant, agent ou élève de l'Université.

Pensionnat.

Malgré tous les avantages que présente l'établissement de l'Université, on ne peut cependant s'empêcher de convenir qu'ils seraient illusoires, et l'instruction des élèves très-précaire, si, à côté de l'Université, l'administration de cet établissement ne songeait à établir un pensionnat libéralement organisé et sagement administré, qui réponde aux pères de famille de la bonne tenue et de la conduite de leurs enfans, et d'où ceux-ci puissent, sans trouble et sans inconvénient, suivre les cours et les exercices de l'Université.

L'administration s'est d'autant plus volontiers déterminée à élever le pensionnat, qu'il est réclamé par un grand nombre de citoyens des départemens.

C'est pour satisfaire à leurs vœux qu'un local pouvant contenir cent vingt à cent cinquante élèves, a été choisi, et sera disposé pour le 15 brumaire an 11.

L'administration, en élevant ce pensionnat, désire se rendre utile à ses concitoyens, et leur prouver son zèle ; c'est d'après ce principe, qu'elle propose de l'élever par souscription.

Le prix de la pension et de l'enseignement est

fixé à 1200 fr. par année ; mais les pères de famille qui souscriront pour trois années, durée présumée des cours, et qui paieront trois mois d'avance, jouiront de l'avantage d'avoir leur fils ou leur parent nourri, logé et instruit aux dépens de l'administration, pendant une quatrième année, sans rien débourser. Pendant cette dernière année, il travaillera dans les bureaux du contentieux, pour se perfectionner.

Les souscriptions doivent se faire d'ici au 30 vendémiaire an 11. Après ce temps, ceux qui enverront leurs enfans à l'Université, paieront la pension à raison de 1200 francs, *mais ne jouiront point de la faveur accordée à ceux qui auront souscrit pour les trois années.*

Les actionnaires et les porteurs de cartes d'élèves ne paieront la pension qu'à raison de 900 fr.

Les fonds pour les trois premiers mois ne seront versés à la caisse de l'Université que lorsque l'élève entrera au pensionnat ; mais ces fonds, ou une obligation en forme, devront être déposés, dans les départemens, chez les notaires dans lesquels les souscripteurs voudront mettre leur confiance. En conséquence, les souscripteurs sont invités à donner avis au conservateur directeur - général de l'Université, de la souscription qu'ils auront faite, et du notaire qu'ils auront choisi.

Chaque élève aura sa chambre particulière, pour laquelle l'administration ne se chargera pas de fournir le bois et la lumière ; il doit aussi fournir un lit complet. Il doit en outre avoir trois paires de draps, douze serviettes, un couvert, un gobelet d'argent. Les parens qui désireront que l'établissement fournisse ces objets, pourront s'en entendre avec lui de gré à gré, pour la durée des trois années.

La nourriture sera saine et abondante ; les élèves feront trois repas par jour, le matin, à midi et le soir. Des domestiques honnêtes et intelligens seront à leurs ordres pour tous leurs besoins.

Le pensionnat sera gouverné par des directeurs particuliers, sous la surveillance immédiate de l'administration générale de l'Université

Sur quinze élèves qui seront envoyés de chaque département au pensionnat de l'Université, il y en aura un parmi les quinze, qui y sera reçu gratuitement.

Le préfet de chaque département sera invité d'en faire le choix.

Les départemens qui forment le ressort de chaque tribunal d'appel, et qui enverront entre eux au pensionnat de l'Université, 45 élèves, sont autorisés à faire accepter par l'administration de l'Université, un ancien jurisconsulte, qui, par ses connaissances et sa moralité, aura acquis de justes droits à l'estime publique, et mérité de représenter auprès de l'Université, la famille des jeunes élèves, en y exerçant la surveillance paternelle, sous le titre de pro-tuteur. Il sera pourvu à tous ses besoins; et il peut compter d'avance sur les soins, le zèle, les égards, le respect et la vénération que l'on doit à la vertu, à la vieillesse et aux talens. Les préfets, les présidens des tribunaux sont invités de présenter les candidats aux ministres de la justice et de l'intérieur, qui seront priés, par l'administration de l'Université, de faire le choix des pro-tuteurs.

SECONDE PARTIE.

Bureau de Consultation et de Défense générale.

Le plan de l'Université ne se borne pas à l'ouverture d'une école de droit. Il n'a pas uniquement pour objet la réunion des meilleurs moyens d'enseignement, il s'étend bien plus loin; il embrasse des vues plus vastes, il envisage l'intérêt général de la société.

Le bureau a pour but de contribuer à établir dans toute la France, une jurisprudence constante et uniforme. C'est pour remplir ce grand objet, qu'il a été créé, à l'Université de Jurisprudence, un bureau de consultation et de défense générale, pour toutes les parties, et pour tous les tribunaux de la république.

Le bureau ouvert à Paris, au sein même de l'établissement, est composé de jurisconsultes renommés, choisis parmi les membres de l'Université. Il sera le centre où viendront se réunir toutes les demandes des divers départemens, et le foyer d'où des faisceaux de lumières divergeront vers tous les points de l'empire. Au moyen d'une correspondance nombreuse et active, établie dans chacun des cantons, les citoyens obtiendront aussi facilement que promptement, et sans être obligés de se déplacer, des consultations émanées du bureau général, et tous les renseignemens qu'ils pourront désirer. C'est à la faveur de cette harmonie, de cet accord qui ne sera jamais rompu, que l'Université contribuera puissamment à établir une jurisprudence constante et uniforme, pour laquelle il n'est aucun jurisconsulte, aucun magistrat qui ne fasse les vœux les plus ardens.

Pour remplir ce but de la manière la plus désirable, l'Université se chargera d'éclairer les citoyens dans toutes les affaires qui ressortissent aux tribunaux : toutes les mesures sont prises pour répondre sans délai et avec succès, aux personnes qui placeront leur confiance en lui. Le bureau fait l'examen de toutes les affaires qui lui sont présentées, et l'*Administration se charge de faire toutes les avances dans les causes qui ont été jugées bonnes par les membres de l'Université. Elle en embrasse la défense à ses frais, risques et périls, et n'exige rien que l'affaire n'ait été décidée en dernier ressort à l'avantage du client.*

En servant ainsi les particuliers, l'Université servira nécessairement la société toute entière. La distribution de la justice devenant plus facile et plus prompte, les procédures seront admirablement simplifiées, le nombre des procès diminuera sensiblement. Cette diminution si désirée, sera principalement due au bureau de consultation, qui sera pour ainsi dire un premier tribunal où les causes seront discutées : elles y subiront une espèce de préparation, d'examen préliminaire, qui en écartera beaucoup dès leur naissance, et qui facilitera l'instruction de celles qui seront de nature à occuper les tribunaux.

La MARCHE que l'on emploiera pour résoudre les questions soumises à l'Université, rendra en quelque sorte ses décisions infaillibles.

D'abord l'affaire consultée sera soumise à un examen préparatoire dans les bureaux de l'administration, ensuite elle sera envoyée aux membres composant le bureau de consultation compétent.

La première décision portée, le tribunal intime de l'administration fera un nouvel examen. Si l'affaire lui présente des doutes, alors elle sera discutée par les membres de l'Université, et plaidée en assemblée générale. C'est d'après cette décision, si elle est favorable, que l'administration en prendra la défense. Ainsi une affaire subira dans le même moment tous les degrés que la loi exige pour les affaires portées devant les tribunaux.

Les jurisconsultes de l'Université ont voulu concourir par leur désintéressement au but philantropique de l'administration. Afin de se rendre accessibles à toutes les classes de citoyens, ils ont exigé que leurs honoraires fussent proportionnés plutôt à la faculté du plus grand nombre des consultans, qu'à l'importance et la complication des affaires ; aussi le prix des consultations sera pour les questions ordinaires de 24, 36, et 48 francs.

L'Université de jurisprudence sera aussi l'asyle de l'indigence opprimée. La défense des indigens fera l'objet de ses soins : ses bureaux seront constamment ouverts aux infortunés. Leurs affaires seront comme celles des autres citoyens, approfondies dans leur principe, et suivies avec activité jusqu'à la dernière décision. L'Université réunira tous ses efforts pour que jamais celui qui réclamera son assistance ne puisse devenir la victime de la cupidité et de l'égoïsme.

L'Université sera secondée dans cette tâche honorable par ses contrôleurs-généraux, ses inspecteurs ambulans, ses directeurs départementaires, ses sous-directeurs, ses agens particuliers, ses correspondans, ses autres agens et ses affiliés. Ils s'empresseront de partager l'honneur de réparer une grande injustice, de secourir le malheur opprimé : le faible trouvera en eux des défenseurs contre le crédit du méchant.

Les agens ne sont pas les seuls que l'Université appelle à la défense des infortunés : elle est assurée de trouver dans toutes les communes de la république, des citoyens aisés et respectables, qui répondront à la voix de l'humanité. Elle compte principalement sur leur zèle, et leur destine les fonctions les plus honorables qu'on puisse ambitionner dans la société, celles de *Pacificateurs*. Leurs connaissances locales les mettront mieux que toutes les instructions écrites, à portée de concilier les différends de leurs voisins. L'Université les guidera, les éclairera sur les dispositions légales dont ils seront dans le cas de faire l'application. Les ruineuses chicanes disparaîtront ; les procès seront étouffés dès leur naissance. La probité, l'humanité, la religion et le patriotisme, forts des renseignemens et de l'appui que leur fournira constamment l'Université, suppléeront aux lumières des hommes de loi. Ces citoyens, défenseurs naturels des infortunés, en seront les premiers interprètes auprès de l'Université : ils lui transmettront leurs justes réclamations ; ils lui feront même connaître les actes illégitimes qui pèsent sur des malheureux, qui n'ont ni les moyens physiques, ni les facultés pécuniaires pour se faire rendre justice. L'Université s'empressera de répondre à leurs sollicitudes, et trouvera sa récompense dans les bons offices qu'il aura le bonheur de rendre à la classe la plus intéressante des citoyens, les honnêtes indigens victimes de la cupidité de l'homme injuste.

ORGANISATION ET COMPOSITION

DE L'UNIVERSITÉ DE JURISPRUDENCE.

Nombre des membres qui composent l'Université.

Cinquante membres et un *commissaire-général*, forment l'Université de Jurisprudence et de centralisation judiciaire.

Un président d'honneur.

Vingt-neuf jurisconsultes anciens.

Douze orateurs.

Huit avoués.

Il est adjoint à l'Université quatre notaires, quatre huissiers et quatre experts.

Fonctions générales des membres de l'Université.

Les membres de l'Université de Jurisprudence forment un conseil libre, distinct et indépendant de l'administration. Ses attributions sont spécialement relatives à l'établissement d'une jurisprudence uniforme dans toute la république, et à la formation des élèves pour le barreau.

L'Université est présidée alternativement par ses membres ; le plus ancien jurisconsulte le préside d'abord.

L'Université est le seul juge des progrès et du mérite des élèves ; elle délivre les prix, et fixe les bases sur lesquelles doivent reposer essentiellement les instructions.

Elle prononce sur les questions épineuses qui n'ont pu être résolues dans les bureaux de l'établissement; elle fait discuter ces questions, et motive son avis ; elle arrête les articles qu'elle estime utiles d'adres ser aux correspondans, comme devant contribuer à établir une jurisprudence constante et uniforme ; elle correspond pour ce fait, avec l'administration générale avec laquelle elle entretient des rapports immédiats ; elle fait rédiger des commentaires sur les lois qui ont paru susceptibles de développement, les livre à la discussion, et ne les fait passer qu'après le plus sévère examen. L'Université de Jurisprudence mettra au rang de ses devoirs les plus chers, l'étude particulière du côde civil, afin d'en propager la rigoureuse exécution sur tous les points de l'empire.

FONCTIONS PARTICULIÈRES
DES MEMBRES DE L'UNIVERSITÉ.

Jurisconsultes.

Les jurisconsultes décident toutes les questions qui sont soumises à leurs lumières.

Orateurs.

Les orateurs sont chargés auprès des tribunaux, de la discussion des causes dont l'administration a entrepris la défense ; *à moins que les parties n'aient fait un choix parmi les autres défenseurs.*

Avoués.

Les avoués sont aussi chargés auprès des tribunaux où ils exercent leurs fonctions, de la conduite des procédures dans les affaires qui leur sont confiées.

Fonctions des Notaires, Huissiers et Experts.

Les notaires font tous les actes et transactions que nécessitent les opérations.

Les huissiers font les exploits dans les affaires confiées au bureau.

Les experts sont chargés des expertises auxquelles les travaux peuvent donner lieu. *Ni les uns ni les autres ne sont employés à l'exclusion de ceux qui ont été indiqués par les parties.*

(21)

Sécrétaire.

Le sécrétaire assiste aux délibérations de l'Université : il en contre-signe tous les actes, et les transmet à l'administration générale.

Affiliés.

L'affiliation à l'Université est proposée aux présidens des tribunaux, aux juges, aux commissaires du gouvernement, aux professeurs de législation des écoles centrales des départemens, à tous les jurisconsultes et à tous les savans. Elle est aussi proposée aux présidens et juges des tribunaux de commerce, et à tous les commerçans. L'Université compte spécialement sur leur zèle, pour contribuer à perfectionner la législation commerciale, afin de la faire tourner toute entière au profit de la société, dont le commerce est l'âme.

Fonctions des affiliés.

Les affiliés prennent séance à l'Université parmi ses membres : ils délibèrent conjointement avec eux. Ils correspondent avec l'Université, sur tout ce qui peut tendre à améliorer l'institution, et la porter à son degré de perfection. Ils donnent des renseignemens sur les questions qui sont soumises à la décision de l'Université, dans lesquelles les usages locaux des départemens qu'ils habitent, paraissent avoir prévalus sur la jurisprudence générale.

Agens de l'Université de Jurisprudence.

Il est nommé dans chaque département, un directeur départementaire ; dans chaque arrondissement, un sous-directeur ; et dans chaque canton, un agent particulier.

Auprès de chaque tribunal d'appel et de première instance, il est nommé, 1°. un correspondant, 2°. un avoué, 3°. un notaire, 4°. un huissier, 5°. un expert et un adjoint.

Auprès de chaque tribunal criminel, il est aussi

nommé un avoué , et auprès de chaque tribunal de commerce , un défenseur et un huissier.

Dans chaque canton , il est nommé également, 1°. un correspondant , 2°. un notaire , 3°. un huissier , 4°. un expert et un adjoint.

Outre les agens et les correspondans, il est nommé, dans toutes les communes de la république , des *pacificateurs*.

Il est aussi nommé quatre contrôleurs-généraux, trente inspecteurs ambulans , et un vérificateur-général.

Fonctions des Directeurs départementaires.

Les directeurs départementaires font le choix des agens de l'Université , et entretiennent une correspondance active avec le conservateur-général. Leurs relations avec les agens de l'Université , ont pour objet de faire accélérer les décisions des contestations portées devant les tribunaux, et dont l'administration aura confié la défense aux correspondans.

Fonctions des Sous-Directeurs.

Les sous-directeurs indiquent aux directeurs départementaires , les citoyens qu'ils croyent les plus propres à remplir les vues de l'Université , dans les diverses fonctions qui leur sont attribuées : ils correspondent avec lui sur tout ce qui peut tendre à perfectionner l'organisation et à activer la poursuite des affaires dans les tribunaux de leur arrondissement.

Fonctions des Agens particuliers.

Les agens particuliers indiquent aux sous-directeurs ceux de leurs concitoyens qu'ils ont jugé les plus dignes de répondre à l'attente de l'Université de Jurisprudence , pour exercer les fonctions qui leur seront désignées.

Fonctions des Correspondans.

Les correspondans sont les agens de l'Université de Jurisprudence et du bureau de centralisation judiciaire ; ils correspondent directement avec le conservateur. En conséquence les citoyens qui veulent se procurer une consultation émanée du bureau général, remettent au correspondant de leur canton, les titres de leurs prétentions : celui-ci les envoie à Paris ; le bureau les examine scrupuleusement, motive son avis, et l'envoie au correspondant qui le communique au consultant. Alors, s'il convient à celui-ci d'entamer la procédure, il remet un pouvoir *ad hoc* au correspondant, qui l'adresse au bureau, et le bureau donne sur-le-champ ses instructions au défenseur choisi par lui dans la commune où l'affaire doit s'instruire.

Chaque quinzaine, les correspondans remettent au bureau général un état de la situation des affaires qui leur sont confiées, avec des observations sur les progrès, la célérité, ou les retards dont elles se trouvent susceptibles. Les notes dépouillées par le bureau général, classées par arrondissement de tribunaux, sont transmises au correspondant de chaque arrondissement, lequel en instruit le plaideur qu'elles intéressent ; ainsi il se trouve toujours, sans déplacement ni frais, périodiquement informé de tout ce qui doit fixer son attention.

Les correspondans sont les défenseurs naturels du bureau de défense générale, auprès des tribunaux où ils exercent habituellement leurs fonctions.

Les avoués sont chargés de la conduite des procédures, les notaires font les actes, transactions, etc. entre les parties à la défense desquelles l'administration s'est intéressée.

Les huissiers font toutes les diligences auxquelles les affaires donnent lieu.

Les experts font les expertises pour lesquelles leur ministère est nécessaire.

Quand il ne s'agira que d'une consultation, les correspondans n'auront pas besoin d'envoyer au bureau général l'original des pièces ; il suffira d'en faire passer copie collationnée et certifiée. Dans les affaires dont la poursuite devant les tribunaux sera confiée à l'Université, l'original sera nécessaire. Dans l'un et l'autre cas, les correspondans devront avoir l'attention d'en dresser le bref état par duplicata, conforme en tout à celui au bas duquel ils auront mis leur récépissé : il contiendra distinctement la qualification, la date et l'objet de chaque titre. Ils joindront ce duplicata aux pièces, avec la procédure, s'il y en a, laquelle procédure n'aura besoin d'être décrite que par le nombre des pièces seulement. Cette précaution fixera l'étendue de la responsabilité de l'Université, et fournira le modèle du récépissé que l'Université transmettra aux correspondans d'après vérification, pour être substitué à celui qu'ils auront donné provisoirement aux personnes qui ont déposé les pièces. Leur décharge s'opérera par cet échange, en même-temps que s'établira la sûreté du mandant (1)

Outre les avantages qui tiennent à leur ministère; les avoués, les notaires, les huissiers, les affiliés et les pacificateurs trouveront toujours dans le bulletin de l'Université, un article spécialement destiné à les guider dans l'exercice de leurs fonctions respectives, et à les mettre en harmonie avec les principes et la forme adoptés par l'Université.

Les uns et les autres doivent toujours s'adresser, pour les affaires qui regardent l'Université, au correspondant du lieu qu'ils habitent, ou du tribunal auprès duquel ils sont nommés. C'est encore de lui seul qu'ils reçoivent leurs instructions ; mais rien n'empêche qu'ils ne correspondent directement avec l'Université, toutes les fois qu'ils auront à faire des réclamations personnelles, ou qu'ils auront des avis importans à communiquer. Leurs hono-

____

(1) Les précautions les plus rigoureuses sont prises pour la conservation et la sûreté des pièces qui sont confiées à l'Université : on ne doit avoir aucune inquiétude sur cette partie de la garantie offerte au public.

raires seront déterminés , suivant l'importance des affaires dans la poursuite desquelles ils auront prêté leur ministère.

BUREAU PATRIARCHAL.

L'établissement d'un bureau patriarchal dans les grandes communes et dans tous les cantons, a paru au fondateur de l'Université un puissant moyen pour parvenir à établir l'uniformité dans la jurisprudence.

Ce bureau offrira à la France le tableau vivifiant de la prospérité publique. Les honorables fonctions que ses membres auront à remplir, attesteront à tout l'univers que les Français sont devenus des modèles de sagesse et l'exemple de tous les peuples qui , partout , n'invoquent que la justice.

L'Université de Jurisprudence remplira ce grand objet, en établissant un point de contact et d'unité entre elle et ses agens, entre ses agens et les citoyens, et les citoyens entr'eux. Elle s'attachera d'abord à centraliser l'opinion, ensuite à uniformiser les principes et le pouvoir des lois : elle fera connaître tout l'ascendant qu'elles doivent avoir dans la société, et fera sentir que leur juste influence est la base de la tranquillité publique. La raison qui présidera à tous ses travaux, sera un témoignage éclatant de son amour pour la justice, qui seule peut faire régner le calme et la paix dans les familles , la bonne intelligence entre les citoyens, et procurer l'harmonie du genre humain.

Formation du Bureau Patriarchal.

Les affiliés , les correspondans , les pacificateurs et les autres agens de l'Université formeront, dans leur canton respectif, le bureau patriarchal : ils se réuniront tous les mois sous la présidence du correspondant et sur la convocation spéciale, savoir, dans les cantons , de l'agent particulier ; dans les chefs-lieux d'arrondissement, du sous-directeur ; et dans les chefs-lieux de département , du directeur départemental.

Ces agens rempliront, auprès du bureau patriarchal, les fonctions de commissaire, sous le titre de *régulateur*.

Les membres du bureau patriarchal central du département de la Seine tiendront leurs séances à l'Université même : leur nombre est fixé *à trente*.

Fonctions des membres du bureau patriarchal et du régulateur.

Les membres du bureau patriarchal formeront un conseil d'harmonie sociale : ils feront l'examen des affaires qui auront été soumises à la sagesse des agens de l'Université dans leur commune respective, et qu'ils n'auront pu pacifier. Le bureau éclairera les citoyens sur leurs droits et leurs véritables intérêts ; il emploiera tous les moyens qui seront en son pouvoir, pour les réunir, et s'il ne peut y parvenir, il les invitera à l'arbitrage. Il consultera l'Université dans toutes les questions sur lesquelles les parties voudront avoir son avis.

Le correspondant sera seul chargé de la rédaction des mémoires, lesquels ne pourront être envoyés à l'Université qu'après avoir été visés par le régulateur.

Le bureau recevra les réclamations des indigens, des veuves, des orphelins qui n'ont aucun moyen pour se faire rendre justice : il fera part à l'Université de leurs prétentions ; et si elles sont fondées, l'Université entreprendra de les défendre. L'infortune devra être constatée par un certificat du bureau, qui sera également visé par le régulateur.

Les séances du bureau patriarchal seront publiques. Au commencement de chaque séance, le régulateur fera la lecture des ouvrages de l'Université, et spécialement des articles qui auront pour objet la décision des points de législation qui lui auront paru douteux, et sur lesquels l'Université aurait prononcé. Il rappellera au bureau le texte des lois et le sens que l'Université aura pu donner à leur application.

Administration générale.

L'Université de Jurisprudence est gouvernée administrativement par un conservateur, qui en est le directeur-général. Dans lui seul réside le pouvoir approbatif et l'exécution. La correspondance est faite en son nom ; il nomme à tous les emplois.

Le conservateur a un conseil de trois membres, qui remplissent des fonctions actives dans l'établissement, sous le titre de *directeurs.*

Savoir, un directeur de la comptabilité, un directeur des dépenses, et un directeur du contentieux administratif.

Quatre administrateurs honoraires forment également le conseil du conservateur.

Les trois directeurs dirigent à leur gré les parties qui leur sont confiées ; mais leurs actes sont nécessairement soumis à l'approbation du conservateur, préalablement vérifiés, pour l'exactitude des formes, par le vérificateur-général. Ils sont nuls sans cette formalité.

Les directeurs sont entendus comme conseils dans toutes les questions que le conservateur juge convenables de soumettre à leur examen.

Les délibérations de la conservation sont intitulées ainsi :

Le conservateur de l'Université de Jurisprudence, les directeurs composant le conseil de la conservation entendus, a résolu ce qui suit, etc.

Le fondateur de l'Université de Jurisprudence en est le commissaire-général-régulateur né ; il régle la tenue des séances, et maintient les réglemens de l'institution.

Conseil intime. — Ses fonctions.

Le conseil intime fait l'examen et la révision de toutes les consultations qui émanent des divers bureaux de l'Université. Si elles sont conformes aux principes, il les approuve et les signe ; s'il est d'une opinion contraire, il en réfère à l'Université, qui

prononce, d'après une discussion méthodique et lu-
mineuse, faite en assemblée générale, en sa pré-
sence et en celle des membres qui ont donné la
consultation. Le conseil est en outre entendu dans
toutes les affaires particulières de l'administration,
lorsqu'il est nécessaire d'avoir recours à ses lumières.

Vérificateur général. — Ses fonctions.

Le vérificateur-général est l'agent direct de la conservation ; il fait l'examen et la vérification de tous
les actes qui émanent de l'Université, et les présente
à la sanction du conservateur.

Inspecteurs ambulans. — Leurs fonctions.

Les inspecteurs-ambulans parcourent deux fois
l'année, leur division ; ils se font rendre compte
par les directeurs départementaires, des nomina-
tions qui ont été faites des divers agens de l'Université. Ils se font rendre compte également des affaires
dont sont chargés les correspondans, et prennent
les mesures nécessaires pour activer celles qui auraient éprouvé des retards.

Trésorier.

Le trésorier tient la caisse générale de l'établissement, et dresse des états de recette et de dépense :
ses comptes se vérifient tous les mois.

Sécrétaire-Général.

Le sécrétaire-général contre-signe la correspondance, et surveille la rédaction de tous les ouvrages
que l'établissement met au jour.

Chefs de Bureau.

Les chefs de bureau font l'extrait des procédures
et l'analyse des affaires soumises à la décision de
l'Université. Ils en font le rapport, et présentent
la rédaction des consultations et des moyens à em-
ployer pour la défense.

Bibliothèque et Cabinet littéraire.

Une bibliothèque et un cabinet littéraire sont établis auprès de l'Université de Jurisprudence. L'administration aura soin de se procurer les ouvrages nouveaux en tout genre.

Bibliothécaire. — Ses fonctions.

·Le bibliothécaire est chef du cabinet littéraire ; il le dirige sous la surveillance de l'administration.

Imprimerie

Une imprimerie est attachée à l'établissement.

Ouvrages que fait rédiger l'Administration de l'Université. — Premier Ouvrage.

Tout ce qui sera traité dans l'enseignement et dans les discussions, sera recueilli pour former un bulletin qui, renfermant en outre les décisions des membres de l'Université sur des matières contentieuses, deviendra d'une utilité indispensable pour tous ceux qui s'appliquent à l'étude des Lois et de la Jurisprudence. C'est avec ce bulletin que l'Université espère contribuer à établir dans toute la république une jurisprudence uniforme.

Ce bulletin paraîtra tous les·mois ; chaque numéro sera composé de 192 pages *in-8°*. Le prix de l'abonnement est de 36 francs pour l'année, franc de port, et de vingt-un francs pour six mois.

Second Ouvrage.

Une autre production, non moins utile et non moins intéressante , intitulée : *Choix des Causes célèbres depuis la révolution*, sera mise sous presse incessamment.

Cet ouvrage , dédié au consul Cambacérès , et qu'il a honoré de son approbation, a été annoncé il y a quelque tems, et l'on peut dire qu'il est attendu par le public avec le plus vif empressement. Il aurait déjà été mis au jour, si des circonstances dépendantes de l'organisation générale de l'Université n'en avaient pas retardé l'émission.

Il paraîtra sans interruption, et contiendra, 1°. les

procès les plus célèbres qui appartiennent directement à la révolution, et dont l'ensemble formera
une histoire impartiale et complette des partis qui ont
divisé la France pendant dix ans, de leurs principes
politiques ostensibles, et de leurs motifs secrets;
2°. les causes civiles les plus importantes par leur
nature, et les plus propres à marquer les progrès
et les changemens de la jurisprudence, telles que
celles relatives aux divorces, aux enfans naturels,
et aux questions d'état; 3°. les procès criminels
qui présenteront le plus grand degré d'intérêt, et
dont les détails serviront à développer, dans tout
leur jour, le bienfait de la sublime institution des
jurés, ses écueils et les améliorations dont elle est
susceptible.

Les auteurs de cet ouvrage, *fondateurs* de l'Université, se sont appliqués à le rendre intéressant
pour l'homme de lettres, le politique, le jurisconsulte et le citoyen, par la variété et la sorte d'univer-
salité des matières.

Les mêmes auteurs, animés par des sentimens
de justice pour les défenseurs officieux, et de respect pour les magistrats chargés des fonctions du
ministère public, qui ont porté la parole dans chaque affaire, ont recueilli avec soin et placé avec
avantage les traits les plus remarquables de leurs
plaidoyers, mémoires, rapports ou conclusions. Il
en paraîtra tous les mois un volume *in*-12, de 300
pages. Le prix de la souscription, pour l'année, est de
36 francs, franc de port, et de 21 francs pour six
mois.

Troisième Ouvrage.

L'administration de l'Université fera aussi paraî-
tre un ouvrage périodique aussi agréable qu'utile,
intitulé : *Répertoire universel, politique, littéraire et commercial.*

Il n'est pas nécessaire de donner de plus grands dé-
veloppemens sur cet ouvrage : son titre indique le

but qu'on se propose de remplir. L'intention est d'offrir le tableau général de toutes les nouveautés en tout genre qui paraissent à Paris , dans les dé-partemens et chez l'étranger. Le grand nombre de correspondans que l'établissement a nommés sur tous les points de la France , promet que le cadre sera rempli fidèlement.

Il paraîtra de cet intéressant ouvrage , chaque mois , un numéro de 192 pages in-8°. Le prix de l'abonnement , pour l'année , est de 36 francs , franc de port , et de 21 francs pour six mois.

Enfin l'administration fera rédiger un quatrième ouvrage , intitulé : *Les Maximes de l'Université de Jurisprudence.* Cet ouvrage , destiné à l'éducation des enfans , contiendra , par demandes et par ré-ponses , tout ce qui peut leur donner les idées pri-mitives et les conduire à des connaissances plus grandes , sans s'écarter des vrais principes. Il en pa-raîtra tous les mois un petit volume in-18 de 90 pages. Le prix de l'abonnement est de 9 francs pour l'année.

Ceux qui souscriront pour les quatre ouvrages ne payeront , pour six mois , que 56 francs , et pour l'année 108 francs. *Les souscriptions se font chez tous les libraires et directeurs des postes aux lettres de la république.*

Tel est le plan général de l'établissement pour le succès duquel les Français ont fait des vœux , du moment qu'il a été annoncé : et le gouvernement lui-même , qui protège toutes les institutions utiles , a témoigné le desir de voir propager celle-ci.

Le fondateur de l'Université de Jurisprudence.

Signé , L E F E B V R E.

Les lettres et paquets non affranchis ne sont pas reçus.

De l'Imprimerie de l'Université de Jurisprudence.

OBSERVATION ESSENTIELLE.

Les Consultations de l'Université de Juris] dence seront intitulées *Décisions*, et revêtue[s] formalités conformes au présent modèle.

(*Ici une Vignette.*)

Decifion de l'Oniverfité de Jurifprudenc

Les anciens Avoc[a] membres de l'Universit Jurisprudence , com sant le Conseil intime l'Administration généra *Signatures.*

Ici le
Cachet
de l'U_
niversi-
té.

Ici le
Cachet
de la
Conser-
vation.

Vérifié à la
Conservation.
Signature.

APPROUVÉ ,
le Conservateur.
Signature.

Contre-signé ,
le Secrétaire-général.
Signature.

www.ingramcontent.com/pod-product-compliance
Lightning Source LLC
LaVergne TN
LVHW051329200726
843510LV00002B/573